PROCÈS VERBAL

DE L'OUVERTURE

DES SÉANCES DE LA SOCIÉTÉ

DES AMIS DU PEUPLE

ET DE

LA CONSTITUTION,

ÉTABLIE A CHATILLON-SUR-SEINE,

Département de la Côte-d'Or.

Le 30 Décembre 1790.

———

Et Discours prononcé à ce sujet,
par M. C. LAMBERT, Président
de la Société.

A CHATILLON-SUR-SEINE,
De l'Imprimérie de Cornillac-Lambert 1791.

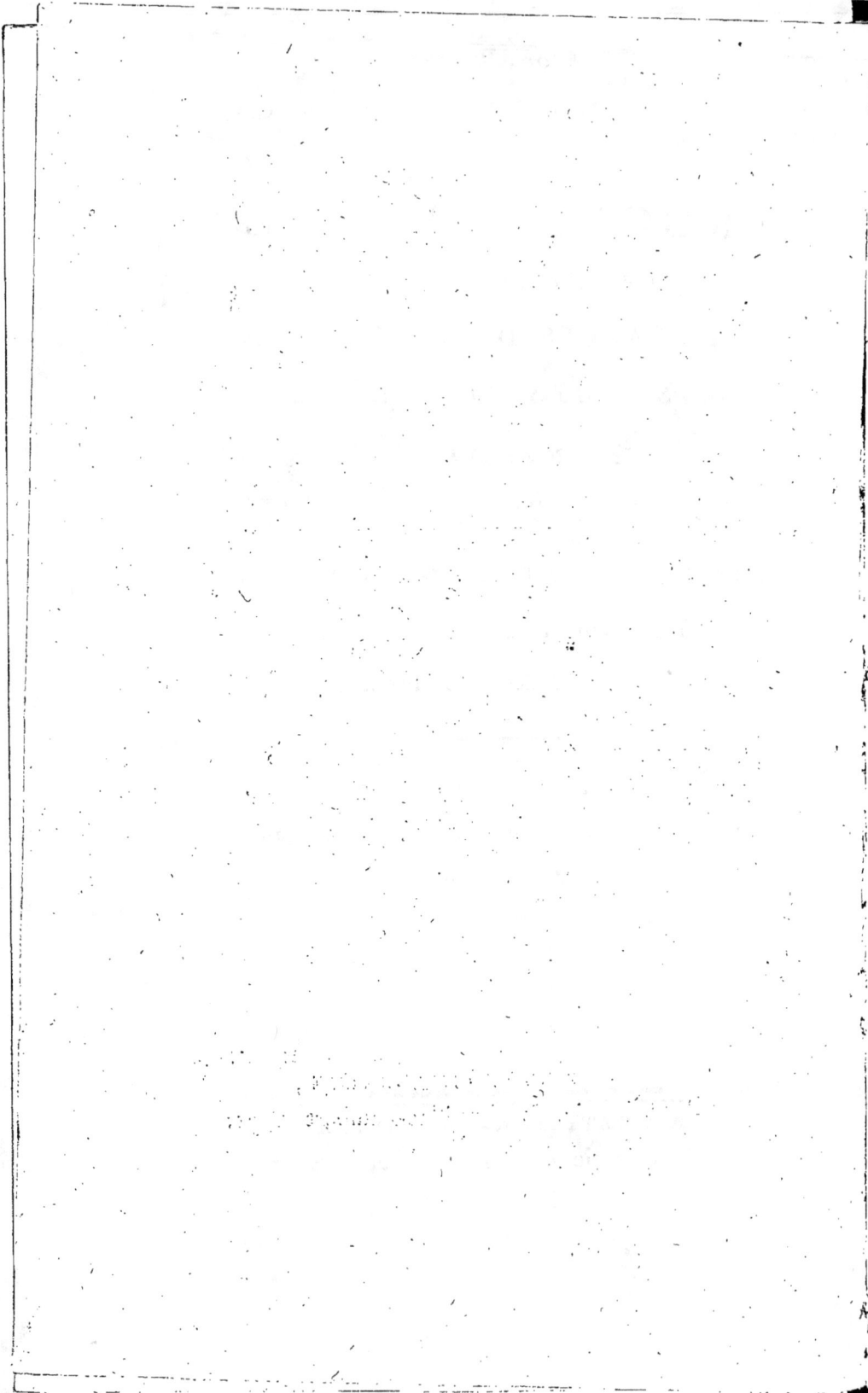

PROCÈS VERBAL

De l'ouverture des Séances de la Société des Amis du Peuple et de la Constitution, établie à Châtillon-sur-Seine; Département de la Côte-d'Or.

Cejourd'hui 30 Décembre 1790, de l'Ére Chrétienne, et la deuxieme année de la restauration de la Liberté françoise : Nous Citoyens de la ville de Châtillon-sur-Seine, dénommés ci-après :

Alexis VERDIN, Chevalier de S. Louis.

Henri-François VERDIN, Procureur du Roi.

Jacques-Laurent-Pierre LOGEROT, Homme de Loi.

Simon GIEY, Negociant.

Claude FAITOT, Negociant.

Etienne LIGEROT, Negociant.

Pierre-Antoine ROUSSET, Homme-de-Loi.

Charles LAMBERT. Homme-de-Loi.

Louis MEULDER, Negociant.

Joseph DUPUIDIEU, Prêtre.

Edme-Nicolas JUNOT, Negociant.

Antoine GOUGEOT, Prêtre.

Louis ETIENNE, Negociant.

Jacques BOURGEIN, Chirurgien.

Vorle MICHATEAU, Homme-de-Loi.

Jacques PERSONNE, Marchand-Tanneur.

Vorle-Alexis LAMBERT, ancien Gendarme.

Quentin PETITOT. Chevalier de S. Louis.

N. . . . VAUFROUARD, Médecin.

TOUS également animés d'un sincère patriotisme, et du désir de conserver la liberté que nous assure la révolution, nous sommes convenus de former une société sous le titre *d'Amis du peuple et de la constitution*, et étant assemblés à cet effet, en une maison particulière, rue Chaumont de cette Ville, avons élus unanimement :

Pour PRÉSIDENT, M. Charles LAMBERT.

Pour VICE-PRÉSIDENT, M. PETITOT.

Pour SECRÉTAIRE, M. GOUGEOT Prêtre.

P. SECRÉTAIRE en second M. MICHATEAU.

Pour TRÉSORIER, M. JUNOT.

Lesquelles Places ayant été acceptées par eux, M. le Président a prononcé un Discours analogue aux circonstances; ensuite de quoi nous avons délibéré :

1º. Que deux députés des membres de la Société seront chargés de prevenir MM. du District et MM. de la Municipalité de cette Ville, de son établissement au lieu indiqué ci-dessus, en attendant qu'elle puisse se procurer un local plus convenable.

2.º Qu'il en sera donné également avis, aux Sociétés Patriotiques du Département et à celle dite des *Jacobins*, à Paris, en les priant de vouloir bien nous admettre à leur correspondance, et nous affilier avec elles, ainsi qu'à tous les Journalistes Patriotes, qui seront invités de le rendre public par la voie de leurs feuilles périodiques.

3.º que nos réglemens et statuts seront incessament imprimés et rendus publics, afin de convaincre nos Concitoyens, du zele qui nous anime pour la cause commune, et d'éloigner toute espèce de mystère qui ne convient qu'à ces Sociétés anti-populaires où l'on ne cesse de conspirer contre la révolution.

4.º Que le Président sera chargé d'écrire à M. le Président du Département de la Côte-d'Or, pour lui faire part, ainsi qu'à MM. du Directoire, de cette institution faite à l'instar de toutes les Sociétés Patriotiques du Royaume.

5.º Que le discours de M. LAMBERT, qui vient d'être prononcé, sera imprimé, ainsi que la présente délibération, et le tout adressé à tous les bons Citoyens du District et des environs, avec invitation de se joindre à nous pour concourir au maintien de la liberté et de la constitution, et assurer particulièrement la tranquillité des Habitants de la Campagne.

Discours prononcé à l'ouverture des séances de la société des Amis du Peuple (1) et de la Constitution, établie à Châtillon-sur-Seine, le 30 Décembre 1790, par Charles LAMBERT, Président de la Société.

MESSIEURS,

LE titre seul de notre institution nous trace toute l'étendue de nos devoirs : le bien général du peuple, le maintien inviolable de la constitution ; voila les objets que nous ne devons jamais perdre de vue pour nous élever au niveau de tous ces illustres patriotes qui nous ont devancé dans cette carrière, et qui consacrent leurs veilles et leur fortune à la prospérité de la chose publique.

---

(1) *En prenant le titre d'Amis du peuple et de la constitution, ce n'est pas que nous voulions nous distinguer des autres Sociétés qui ne prennent que celui d'Amis de la constitution. Nous savons parfaitement que nous sommes identifiés avec le peuple ; mais comme les trois quarts des Habitants des campagnes pour lesquels notre Société est particulierement instituée, ignorent encore ce que c'est que constitution, et qu'ils ne peuvent se méprendre au titre et aux vues d'une Société qui sera composée de leurs Amis, de leurs Égaux, nous avons cru devoir adopter cette formule sans y tenir autrement.*

Le moment de crise et d'effervescence où nous nous trouvons ; l'esprit d'inquiétude et de mécontentement qu'une coalition sacerdotale cherche à répandre, surtout parmi le peuple peu instruit des campagnes, pour introduire parmi nous un schisme politique et religieux, sont des motifs pressants qui doivent nous faire redoubler d'ardeur et de vigilance, à l'effet de prévenir les trames de cette ligue d'autant plus dangereuse que ceux qui conspirent ainsi contre leur patrie, sont d'une classe d'hommes destinés par état à donner l'exemple de la soumission aux loix, et du respect pour l'assemblée nationale.

Vous sentirez donc, Messieurs, combien il importe au salut du peuple, que des sentinelles toujours en activité surveillent constament non seulement ceux des ministres de la religion qui, à la honte de l'humanité et de la religion même ne rougissent pas de prendre ouvertement le parti de leurs ci-devant seigneurs contre leurs propres paroissiens ; mais encore tous les fonctionnaires publics sous quelque titre que ce soit qui seroient tentés de trahir leurs devoirs, en oubliant qu'ils ne sont institués que par le peuple et pour le peuple, et qu'ils ne sont que les dépositaires amovibles de sa confiance.

Vous sentirez également combien tous nos efforts seront nécessaires pour faciliter, encourager la vente des biens nationaux, la circulation des assignats, et la perception des impots, qui seules peuvent faire reparoître le crédit public et les sources presque taries du commerce et de l'agriculture.

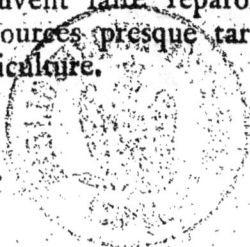

LA classe des bons patriotes du district de cette ville, qui s'empresseront de se joindre à nous et de concourir au bien général que nous avons en vue, nous fournira par une correspondance respective, des moyens efficaces d'y parvenir, en propageant l'esprit public jusques dans les cantons les plus éloignés, et en éclairant les démarches de tous les gens mal intentionnés, qui, par leur répugnance à se conformer aux décrets, leurs astuces et leur hypocrisie, manifestent une opposition constante au succès de la révolution.

MAIS si nousnous dévouons sans réserve à surveiller la conduite des corps et des individus relativement à l'ordre social, (ce qui ne déplaira sans doute, qu'aux mauvais citoyens), vous concevez aisément, qu'en séparant *le froment d'avec l'ivraie*, et en distinguant les vrais patriotes, de ceux qui osent se décorer de cette qualité tout en la profanant, une de nos premieres obligations, sera de montrer nous-mêmes, le plus profond respect pour tous les Décrets sanctionés par le Roi, la plus parfaite subordination aux Tribunaux établis par ces mêmes décrets. Eh! loin de nous toutes ces misérables rivalités de corps, toutes ces vétilles d'un amour propre mal-entendu, auxquelles de petits esprits mettent tant d'importance. N'oublions jamais, que toutes les Sociétés Patriotiques qui existent, et sur lesquelles nous nous ferons gloire de nous modéler, ne peuvent former par leur ensemble, qu'un Tribunal d'opinion, qui n'a de force coactive que l'opinion même; considérons que le premier principe des engagemens que nous contractons, en formant notre société, doit être de ne jamais franchir sous aucun prétexte, les bornes d'un patriotisme éclairé ; et s'il est quelque lutte entre citoyens, que ce soit à qui servira le mieux sa patrie, dans quelque poste que ce soit.

ENFIN, Messieurs, je ne vous parlerai pas des qualités personnelles, que chacun de nous doit apporter dans le sein de notre société ; vous sentez mieux que moi, la nécessité d'oublier toutes ces petites animosités particulieres, que le jeu des passions et le choc des intérêts privés, auroient pu nous inspirer : il faut en faire le sacrifice à l'amour de la patrie. Un bon Patriote ne doit en ce moment, avoir d'autres ennemis, que les ennemis du bien public ; c'est contr'eux seuls, qu'il faut diriger tous nos efforts ; c'est contre la tyranie et contre les tyrans de toute espèce, qu'il faut déployer toute l'énergie de nos forces morales et physiques, et si l'expression de notre zele a été un peu tardive, faisons voir au moins, en passant promptement du berceau à l'adolescence, que nous sommes dignes de partager les travaux de nos collégues, pour le maintien de notre Liberté et de notre Constitution.

QUE notre devise commune, *vivre libre ou mourir*, soit toujours présente à nos yeux ; ce doit être celle de tous les vrais citoyens, elle nous rappellera sans cesse les principaux caractères du patriotisme le plus pur, qui sont en deux mots, et d'après un Patriote par excellence : *Amour sincere du genre-humain et*

de l'égalité; enthousiasme pour la liberté univer-
selle; inflexibilité de principes; franchise dans le
langage; aversion pour le luxe, la vanité, l'in-
trigue et les intrigants; disposition à ne taire
aucunes vérités utiles et à les publier sans ac-
ception de personnes. Autrefois cela s'appelloit
de la philosophie, et à ce mot seul de ralliement
tous les sots et les fanatiques sourioient avec un
air de pitié; mais aujourd'hui cette philosophie
est devenue tout à coup si familiere, si répan-
due, elle a pris un tel ascendant dans le monde,
qu'elle a déja subjugué par l'empire de la rai-
son, la plus grande partie des hommes même
les moins instruits.

Cependant, Messieurs, (attendons nous-y)
nous trouverons encore de ces admirateurs du
despotisme et de l'aristocratie, qui consternés
des efforts que nous ferons pour anéantir l'un
et l'autre, calomnieront nos intentions et nos
principes, qui répandront tout le fiel des sar-
casmes et des épigrammes contre nos opérations,
contre nous mêmes peut-être; tout cela est
dans l'ordre des choses, le chêne ne porte pas
des olives : que cela ne nous étonne donc, ni
ne nous afflige : occupons nous sans relache du
bien que nous pouvons faire à nos semblables,
surtout parmi les habitans de la campagne si
oubliés, si négligés jusqu'à ce jour : travaillons
de concert avec nos correspondants, à leur
inspirer des sentimens de modération, de con-
corde qui assureront leur propre tranquilité et
le bonheur de tous : que nos ennemis eux-
mêmes, (j'entends toujours les ennemis de la
révolution),reconnoissent bien-tôt qu'une ins-

titution (2) qui leur a causé tant d'allarmes,
pourra devenir leur sauvegarde à eux-mêmes,
s'ils se renferment dans les bornes que la pru-
dence exige ; et quand même la force de
l'habitude, et du préjugé les empêcheroit de
nous rendre justice en public, forçons les au
moins par notre circonspection et notre dé-
vouement à la chose publique, à nous accor-
der au fond de leur cœur une estime que nous
serons toujours jaloux de mériter de tous nos
concitoyens, de quelqu'opinion qu'ils soient.

Il ne me reste, MESSIEURS, qu'à vous remer-
cier de la place honorable que vous m'avez
accordée parmi vous ; je ne dirai pas avec une
feinte modestie, qui n'est presque toujours que
de l'orgueil déguisé, que je me crois indigne
d'un choix aussi flatteur ; je me sens au con-
traire tout le zele et tout le courage nécessaire
pour remplir un poste où en développant l'a-

---

(2)*LA légalité de ces Assemblées qui d'ail-
leurs sont de droit naturel, a été consacrée tout
récemment, par un décret de l'Assemblée nationale au sujet des papiers enlevés à la société de Dax.
Il n'y a que celles où l'on conspire contre le
peuple, où l'on met du mystère, pour mieux
le tromper, où ne paroissent que ses ennemis
déclarés, qui doivent être interdites, que le
peuple même a le droit de dissoudre, parceque
la défense est du droit des gens : et il y a tout
lieu de croire que les événemens sinistres de
Perpignan et d'Aix, seront une forte leçon pour
ceux qui voudroient singer ces sortes d'établis-
semens et en neutraliser les effets.*

mour le plus sincere de la patrie, je serai sûr
de n'être que l'organe des sentimens qui vous
animent, et l'interprete des vœux ardens que
vous n'avez cessé de manifester pour le succès
de la révolution.

---

*Notice des réglemens et Statuts Prélimi-
naires, arrêtés dans la séance de la Société
du lendemain, 31 Décembre 1790.*

ARTICLE PREMIER.

La Société sera divisée en deux classes, l'une
de résidens domiciliés à Châtillon, où à peu de
de distance, l'autre de correspondans qui seront
pris dans toute l'étendue du district et des environs.

II.

Il y aura un Président, un vice-Président, un
premier Secrétaire, un Secrétaire en second et
un Trésorier, qui seront tous pris dans la classe
des résidents.

III.

Le Président et le vice-Président seront élus
pour un mois seulement; quant aux trois autres,
ils resteront en place tant qu'ils conviendont à
la majorité de l'assemblée.

IV.

Il y aura un registre coté et paraphé par le
Président, pour toutes les délibérations et actes
de la Société, et un autre pour la recette et
la dépense, qui sera également coté et paraphé.

V.

Les Résidents pourront traiter seuls et délibérer toutes les affaires relatives à la Société; la nomination aux places leur appartiendra, ainsi que la disposition des fonds pour tout ce qui pourra l'intéresser.

VI.

Les correspondants auront droit de séance dans toutes les assemblées de la Société, et ils y auront voix délibérative, à moins qu'ils ne se trouvent plus de deux pour chaque canton, auquel cas ils choisiront entr'eux les deux qui seront chargés de délibérer en leur nom: quand il y aura des affaires importantes à traiter, ils seront convoqués par lettres circulaires.

VII.

Il y aura une correspondance respective entre les résidents et les correspondants, et ces derniers seront tenus d'instruire la Société de tout ce qui se passera dans leurs cantons relativement à l'observation des décrets de l'Assemblée nationale, et aux vexations que pourroient éprouver les habitans des campagnes de la part de quelques corps et de quelques personnes qué ce soit.

VIII.

Tous ceux qui voudront se faire recevoir dans l'une et l'autre classe, se feront présenter par deux membres de la société; leur nom sera affiché dans la salle commune, et huit jours après cette présentation, ils seront élus à la majorité des suffrages.

IX.

Chacun des Récipiendaires, prêtera le serment entre les mains du Président, d'être fidele à la Nation à la Loi et au Roi, ainsi que d'observer religieusement tous les statuts de la Société ; ensuite de quoi, il lui sera délivré un brevet de réception scellé de son Sceau ordinaire.

X.

Dans le cas, où après les dépenses nécessaires à la Société, et dont il sera compté tous les six mois, il resteroit quelques fonds en caisse, ils seront employés en œuvre de charité et de bienfaisance, sans que, sous aucun prétexte, on puisse les faire servir à des fêtes, bals, repas, etc.

XI.

Il y aura trois séances ordinaires par semaine, les lundi, mercredi et vendredi, depuis deux heures ; on y lira d'abord les papiers publics et ensuite chacun aura le droit de faire toutes les motions qu'il jugera à propos, pour le plus grand bien du peuple et le maintien de la constitution ; ainsi que de rendre compte de tous les abus qui viendront à sa connoissance.

XII.

Le Président, et à son défaut le plus ancien d'âge, sera chargé de la police de l'Assemblée qui sera réputée complette et régulière, toutes les fois qu'il s'y trouvera au-delà de la majorité des membres résidents.

XIII.

Les Secrétaires seront chargés d'enregistrer tous les arrêtés et délibérations, d'écrire les lettres et faire les réponses convenables à celles qui seront reçues, après toutefois les avoir communiquées à l'Assemblée.

XIV.

On fera imprimer au frais et au nom de la société tout ce qui méritera d'être rendu public d'après la majorité des suffrages, et on fera faire incessamment un Sceau qui portera la devise de la Société : *vivre libre ou mourir*, avec la légende : *Société des amis du peuple et de la constitution, établie à Châtillon-sur-Seine, en 1790.*

XV.

Toutes les fois que la saison le permettra, un des membres de la société tour à tour lira au public assemblé, les nouvelles les plus intéressantes du jour.

Nota. *Ceux de la campagne qui voudront se présenter pour être reçus, pourront s'adresser à* M. GOUGEOT, *Prêtre et Secrétaire de la Société, à Châtillon.*